AF298008

BIO-BIBLIOGRAPHIE

François-Abel JEANDET

PAR

A. PHILIBERT SOUPÉ

Extrait de la Revue patriotique « LE VRAI FRANÇAIS » de Lyon
(5ᵐᵉ année, nᵒ 15, 11 avril 1891)

LYON
IMPRIMERIE WALTENER ET Cⁱᵉ
14, Rue Belle-Cordière, 14

1891

Extrait de la Revue patriotique LE VRAI FRANÇAIS, 73, rue de la République, à Lyon
(5me année, no 15, 11 avril 1891)

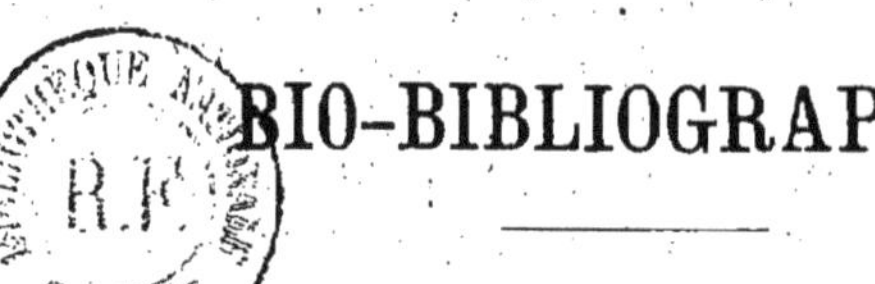

BIO-BIBLIOGRAPHIE

François-Abel JEANDET

Notice nécrologique sur Abel JEANDET, par F. MORDON, lue à l'Académie de Vaucluse (séance du 8 novembre 1890), Avignon, imprimerie de la Caravane, 1890, in-8o, 15 pages.

François-Abel JEANDET, par Henri CHABEUF, Dijon, Darantière, (1891, in-8o, 22 pages). Extrait des Mémoires de la Société Bourguignonne de Géographie et d'Histoire, t. VII.

Il y a six mois, un agent supérieur de la France, l'un des principaux administrateurs du Sénégal, tombait sous les coups d'un africain fanatique. Nos journaux annoncèrent cette catastrophe comme un fait divers regrettable ; plusieurs y joignirent quelques lignes de commentaire : puis, il n'en fut plus question, et l'excellent citoyen qui avait payé de son sang son dévouement à son pays fut presque oublié aussi vite que le sont tant d'autres braves, moissonnés par une mort prématurée dans les pernicieux marécages du Tonkin. Mais, s'il y a ici-bas, selon un mot connu, certains morts *qu'il faut qu'on tue,* il en est, au contraire, qu'on ne saurait jamais trop ressusciter aux yeux du public, parce qu'ils peuvent lui offrir d'utiles leçons à méditer et des exemples à suivre. C'est pourquoi nous profitons de la publication de deux documents biographiques élégamment rédigés et très exacts, consacrés au commandant Jeandet, pour en dégager les différents traits d'une figure fort distinguée et fort intéressante, celle d'un homme de mérite et d'un homme de cœur.

Ce sont là pour tous et surtout pour la jeunesse contemporaine, parfois irrésolue ou énervée, des sujets féconds de réflexion. En effet, à notre époque de mercantilisme et de matérialisme, où trop souvent les volontés chancellent, les consciences s'égarent, les intérêts prédominent, il y a quelque chose de plus rare encore que le talent : c'est le caractère.

Du temps où les proverbes passaient pour résumer la sagesse des nations, il y en avait deux, notamment, qui avaient leur sens et leur valeur : « *Noblesse oblige,* disait-on, et *Bon sang ne peut mentir.*

François-Joseph-Etienne-Abel Jeandet, issu d'une ancienne lignée de respectables bourgeois, se montra toujours digne de cette honnête origine. La famille à laquelle il appartenait était toute patriarcale : elle habitait, dans une petite ville de Bourgogne, à Verdun-sur-le-Doubs, une maison, léguée par ses ancêtres. Son grand-père avait été un médecin distingué, son père l'est également. Celui-ci, élevé en dehors de toute école, de tout collège, a toujours joint aux mille préoccupations de son métier, si rude à la campagne, un goût passionné pour la littérature et pour l'histoire locale. Voilà cinquante ans qu'il accumule des matériaux destinés à retracer les annales de sa cité natale, il n'en a fait imprimer que des fragments, il comptait sur son fils pour éditer l'œuvre entière.

L'espace nous manque pour énumérer les nombreux écrits sortis de sa plume; nous ne ferons mention que d'une *Etude sur Pontus de Tyard* et *Le seizième siècle en Bourgogne* (1).

En 1889 l'Académie des Sciences, Arts et Belles-Lettres de

---

(1) Ouvrage couronné par l'Académie de Mâcon en 1859 et qui a été honoré des souscriptions de la ville natale de l'auteur, du préfet de Saône-et-Loire, du ministre de l'Intérieur, enfin, d'une mention honorable au Concours de l'Institut national de France (1860-1861). — 1 vol. in-8°, XII-241 pages, imprimé à Lyon, par Louis Perrin.

Dijon lui a décerné une médaille d'or « pour l'ensemble de « ses travaux historiques sur la Bourgogne. » Membre de plusieurs Sociétés savantes, le docteur Abel Jeandet a été bibliothécaire de la ville de Mâcon et aussi, quoique trop peu de temps, archiviste de la ville de Lyon.

D'ailleurs, s'il est un patient chercheur, un fervent lettré, il est de plus un ardent patriote, un de ceux dont l'âme s'échauffe pour toutes les justes causes et dont rien n'a jamais modifié les convictions sincères.

Loyauté, amour des lettres, patriotisme, ces trois mots résument la longue existence du père : Nous allons les reconnaître, mis en action, dans la trop courte vie du fils.

Né, lui aussi, à Verdun-sur-le-Doubs, le 6 février 1852, François-Abel se révéla promptement tel qu'il devait être plus tard. Élève du collège de Dôle, à seize ans il sauva deux personnes qui se noyaient dans le Doubs. Deux fois bachelier, il commença à Lyon et continua à Paris des études médicales qu'il abandonna afin d'entrer au service; il y resta quatre années, de 1873 à 1877, et y devint sous-officier. De ce passage dans l'armée il se souviendra à trois reprises : en créant plus tard, à Mâcon, *La Gauloise*, Société de gymnastique et d'instruction militaire; en publiant, en 1883, un intéressant et agréable récit sur *le 18ᵉ de ligne* ; enfin, au Sénégal, où il commanda en chef les contingents noirs.

En 1879, il avait épousé la fille d'un général belge, le comte Van der Meere, fixé parmi nous et très grand ami de la France ; il eut la douleur de perdre sa femme après un an de mariage. S'étant alors décidé à renoncer à la médecine et à s'adonner au journalisme, il fit partie de la rédaction de *L'Union Républicaine* de Saône-et-Loire, à Mâcon, où il fonda une revue *Le Causeur bourguignon*.

Membre de l'Académie de Mâcon, il reçut de plusieurs compagnies littéraires de France et d'Italie la récompense de ses travaux. C'est ainsi qu'en 1882, à propos de l'érection, à Avignon, de la statue de Philippe de Girard, il obtint une médaille de vermeil pour l'éloge remarquable de cet inventeur.

Mais homme pratique avant tout, le jeune Jeandet se tourna vers les affaires publiques. De 1884 à 1886, il fut successivement chef de cabinet des préfets de Saône-et-Loire, de la Gironde et des Pyrénées-Orientales, puis il fut nommé commandant de cercle administrateur de 3e classe au Sénégal. Ceux qui remplissent ces fonctions à la fois civiles et militaires sont assimilés aux officiers ordinaires et rattachés à l'infanterie de marine. Il leur faut beaucoup de tact et d'adresse pour éviter les conflits avec leurs égaux, beaucoup de fermeté et en même temps de douceur pour manier les esprits des demi-barbares auxquels ils commandent. Quoiqu'il n'y fût guère préparé par ses études antérieures, Jeandet comprit aussitôt ces obligations et s'en acquitta à merveille. Dès son arrivée, il écrivait : « Je suis un vrai « Sénégalais... et, songeant à la patrie absente, il ajoutait : « Si quelque tristesse vient envahir mon esprit, je regarde « nos couleurs qui flottent sous les coups du vent d'est, et « c'est encore la France que je vois et où je crois vivre. »

Occupé d'abord dans les bureaux de l'administration politique du Sénégal, à Saint-Louis, il y dressa un inventaire des archives, qui, depuis 1817, restait à faire. « Le sang du vieil archiviste bourguignon se retrouvait en son fils », a dit, en cette occasion M. Henri Chabeuf.

En janvier 1887, on créa en sa faveur le Cercle de Louga, au nord-est du Cayor, dans un petit royaume protégé par la France; il sut se concilier la confiance du roi nègre qui le gouvernait et nous gagner sa fidélité. Chargé d'une mission difficile dans des provinces du Sénégal occidental, distantes de plus de trois cents kilomètres, il les parcourut en vingt-deux jours et noua des relations avantageuses avec divers chefs de tribus. Mais il allait jouer un rôle plus important et plus dangereux.

Effectivement, Aly-Boury, roi du D'Ioloff, le plus puissant, le plus rusé de la Sénégambie, s'étant mis en hostilité contre nous, le commandant Jeandet le força à battre en retraite; pour lui il reçut dans la mêlée deux blessures et eut son burnous percé de neuf balles, tandis qu'à ses côtés, son interprète était frappé grièvement et son ordonnance tué.

Investi, en 1887, de la direction des affaires politiques du Sénégal et de ses dépendances, il fut atteint, par suite d'excès de travail, de la fièvre si pernicieuse en ce pays.

A peine sorti de l'hôpital de Saint-Louis, Jeandet, diplomate autant que soldat, se vit assigner la rude tâche de pacifier Le Cayor et le Toro. Il court à Podor et en un mois tout était calme, si bien qu'après un congé de convalescence, passé en

France chez ses parents, le roi du Toro et les autres princes nègres demandaient son retour comme commandant, et lui adressaient des lettres naïvement affectueuses; un de ces rois allait jusqu'à donner le nom de Jeandet à son fils.

Cependant deux agents envoyés par nos ennemis ayant soulevé des indigènes contre nous, il les poursuit, les rejoint, les attaque et les fait prisonniers. Dans une de ces affaires, il essuie deux coups de feu auxquels il échappe par miracle.

Promu à la seconde classe de son grade, il répond à ce témoignage d'estime en allant seul à Yang-Yang, capitale du roi du d'Ioloff, Aly Boury, négocier et conclure avec lui un traité d'alliance des plus avantageux pour notre colonie. Aussi donna-t-on à Jeandet les postes de résident français dans le Cayor et de commandant du N' Diambour et du N' Giuck. Il profita de son influence dans ce beau pays pour y faire construire des routes sans demander aucune allocation au gouvernement.

Le roi du Baol se révolte et tente des incursions de notre côté. Le commandant Jeandet, après avoir assuré la garde de nos frontières, se précipite dans le Baol, escorté seulement de trente cavaliers, se rend maître de la personne du roi et de sa suite sans tirer un coup de fusil. Ayant mené à bien une nouvelle campagne contre Aly Boury, il fut, en juin 1890, proposé une seconde fois pour la croix d'honneur. Une telle distinction était amplement méritée, mais Jeandet ne devait pas en jouir.

Sur ces entrefaites, notre situation devenait critique; le Fouta-Toro était en mouvement contre nous; Jeandet y est envoyé, il parvient à y rétablir l'ordre et la paix. Que de services, que d'exploits on pouvait attendre de lui! Il en fut autrement.

Le matin du 2 septembre 1890, après tant de fatigues il prenait un instant de repos dans sa case, au milieu de son camp, lorsqu'un Toucouleur, nommé Baidy-Katié, armé d'un fusil, lui envoie, presqu'à bout portant, trois balles qui sortent par l'autre côté de la poitrine : il ne se releva pas !....

On crut d'abord à une vengeance personnelle, mais c'était un complot ourdi par les ennemis de la France.

L'assassin dévoila les noms de ses complices, à la tête desquels était un ex-roi du Toro !

— 6 —

Comme autrefois Kléber, au Caire, Jeandet, héros plus modeste, mais non moins généreux, tombait, à l'âge de 38 ans, victime du fanatisme musulman !

Dès le lendemain du meurtre de Jeandet, le gouverneur du Sénégal, M. Clément Thomas, dans une lettre profondément émue, essayait de consoler ses vieux parents d'une douleur qui devait demeurer inguérissable ; ses collègues vantaient, à l'envi, ses qualités précieuses; la colonie, où il était si aimé, si respecté, le pleura sincèrement; les noirs mêmes qu'il traitait avec une extrême bonté, le regrettèrent. Un service solennel, célébré dans l'église de Saint-Louis, son éloge funèbre prononcé par le gouverneur, un monument élevé aux frais de l'Etat, payèrent autant que possible la dette contractée par la France envers cet homme distingué et plein d'avenir qui ne laissait ni femme ni enfants.

Joignant l'instruction à l'intelligence, le zèle à la bravoure, l'énergie à la douceur, il devait tout espérer, il pouvait atteindre à tout. Lui mort, le journal officiel du Sénégal, *Le Salut Public* de Lyon, le *Messager Maritime* de Bordeaux, la *Caravane* d'Avignon, et plusieurs autres journaux lui ont rendu hommage ; un poète estimé, un des plus anciens amis de son père, M. Fertiault, lui consacra trois sonnets où il l'a chanté dignement. Pour nous, qui nous bornons ici à résumer succinctement les deux notices où nous avons puisé les éléments de cet article, nous souhaiterions qu'une semblable existence, si rapidement tranchée, mais si glorieusement remplie, fût pour ceux qui survivent un noble modèle à imiter.

Aux accents émus du poète Fertiault, nous avons ajouté les nôtres, dans le sonnet qui suit, pour révéler la bonté du cœur d'Abel Jeandet et la tendresse de son amour filial:

Mourir pour la patrie et vivre dans l'histoire
Est-il au monde un sort plus touchant et plus beau?
Mais vous, pauvres parents, vous souffrez ; car la gloire
De ses brillants rayons n'éclaire   qu'un tombeau.

Celui que vous pleurez avait l'âme hardie ;
Heureux dans le présent, il rêvait l'avenir,
Et, pour mieux supporter les périls de la vie,
Il avait votre amour et votre souvenir.

A vous seuls, il songeait dans sa noble carrière ;
Il vous gardait, de vous trop longtemps séparé,
Une part du renom qu'il avait espéré.

Le jour même où la mort vint fermer sa paupière,
En tombant sous les coups d'une main meurtrière,
Il prononçait encor votre nom adoré !

Paris, 27 février 1891.

A. PHILIBERT SOUPÉ,

Professeur honoraire de la Faculté des
lettres de Lyon.

38.283. — Imp. WALTENER ET Cⁱᵉ, rue Belle-Cordière, 14. — Lyon.

www.ingramcontent.com/pod-product-compliance
Ingram Content Group UK Ltd.
Pitfield, Milton Keynes, MK11 3LW, UK
UKHW022257070726
13613UKWH00005B/2348